Inhalt

Weltklimakonferenz 2005 in Montreal - dem Klima wird eine Chance gegeben

Kernthesen

Beitrag

Fallbeispiele

Weiterführende Literatur

Impressum

Weltklimakonferenz 2005 in Montreal - dem Klima wird eine Chance gegeben

I.Zeilhofer-Ficker

Kernthesen

- Die Weltklimakonferenz 2005 in Montreal war die erste nach In-Kraft-Treten des Kyoto-Protokolls im Februar 2005.
- Die 157 Mitglieder des Kyoto-Vertrages genehmigten während des Treffens die Durchführungsregeln sowie den Überprüfungs- und Kontrollmechanismus für die Kyoto-Vereinbarungen zur Klimagasreduktion.
- Darüber hinaus wurde die Aufnahme von

Verhandlungen zur Fortführung des Protokolls über das Jahr 2012 hinaus beschlossen.
- Sogar die USA stimmte der Absichtserklärung zu, den Klimaschutzprozess durch Maßnahmen und Gespräche weiter zu treiben

Beitrag

Das Klima hat wieder eine Chance durch die Vereinbarungen von Montreal kann das Kyoto-Protokoll endlich umgesetzt und kontrolliert werden. Außerdem wurde der umgehende Beginn von Verhandlungen beschlossen, die dem Klimaschutz nach 2012 weiter führen sollen.

Eine neue Runde für den Klimaschutz

Schon seit der UN-Klimakonvention von 1992 ist der Schutz des Weltklimas auf der Tagesordnung der Bündnisstaaten der Vereinten Nationen (UN). 157 Länder haben das im Jahr 1997 beschlossene Kyoto-Protokoll in der Zwischenzeit ratifiziert, so dass die daraus resultierenden Verpflichtungen zur Reduktion von klimaschädlichen Abgasen im Februar 2005 in Kraft treten konnten. (1)

Laut Kyoto müssen die Industriestaaten ihre Kohlendioxid-Emissionen bis zum Jahr 2012 um 5,9 Prozent gegenüber dem Vergleichsjahr 1990 reduzieren. Die EU hat sich sogar zu einer Minderung um acht Prozent verpflichtet, wovon allerdings erst 1,4 Prozent geschafft sind. An der Bundesrepublik Deutschland liegt das allerdings nicht der CO2 Ausstoß wurde in Deutschland bisher bereits um 18,5 Prozent gemindert, 21 Prozent sind das Ziel. (2), (11)

Problematisch ist die Tatsache, dass sich die US-amerikanische Regierung weigert, das Kyoto-Protokoll mit zutragen. Dabei ist die USA allein für rund 25 Prozent aller CO2-Emissionen der Welt verantwortlich. Die brummende amerikanische Wirtschaft hat seit 1990 für 13,3 Prozent höhere Klimagaswerte gesorgt. (3)

Dabei braucht das Klima dringend eine Verschnaufpause. Es ist mittlerweile wissenschaftlich unbestritten, dass die durch Industrie-, Verkehrs- und Heizabgase gestiegene CO2-Konzentration auf 390 ppm für die Erwärmung des Weltklimas verantwortlich gemacht werden muss. Die Auswirkungen waren im Jahr 2005 schmerzlich feststellbar: noch nie hat es so viele Wirbelstürme mit so großer Zerstörungskraft gegeben wie in 2005. Die Kohlendioxidkonzentration ist mittlerweile um 27 Prozent höher als je zuvor in den vergangenen 650 000 Jahren. In Folge davon ist die Durchschnittstemperatur weltweit seit dem 18. Jahrhundert bereits um 0,7 Grad gestiegen, in Europa sogar um ein Grad. Gletschereis schmilzt, Überschwemmungen in manchen Gebieten nehmen zu, während in anderen Ländern Dürre- und Hitzeperioden vermeldet werden. Soll das Klima vom Menschen beherrschbar bleiben, so darf die globale Durchschnittstemperatur nicht mehr als 2 Grad ansteigen bzw. die Konzentration von $CO2$ in der Atmosphäre nicht mehr als 450 ppm betragen. (4), (5), (9), (10)

Die Weltklimakonferenz Ende November/Anfang Dezember 2005, an der ca. 10 000 Experten aus 189 Staaten teilnahmen, soll dafür sorgen, dass diese Werte nicht überschritten werden. Sie war deshalb so wichtig für das Weltklima, weil durch die getroffenen Beschlüsse das Kyoto-Protokoll durchführbar und kontrollierbar gemacht wurde, aber auch, weil der Klimaschutzzeitraum über das Jahr 2012 hinaus erweitert werden konnte. (1), (12)

Die Vereinbarungen von Montreal

(Montreal Action Plan MAP)

40 Resolutionen wurden im Laufe der Konferenz von den teilnehmenden Staaten nach oft nächtelangen Verhandlungen und Diskussionen angenommen. Hier die wichtigsten davon:

Durchführungsbestimmungen und Kontrollmechanismus zu Kyoto

Bisher hatten sich die Industriestaaten nur grundsätzlich zur Reduzierung der Klimagase um einen bestimmten Wert im Vergleich zu 1990 verpflichtet. Mit dem in Marrakesch ausgehandelten Rulebook wurden die dafür notwendigen Durchführungsmechanismen nun formell angenommen. Der Handel mit Emissionszertifikaten sowie die Investition in Clean Development Projekte können jetzt weltweit angewandt werden. Ebenso einigte man sich auf entsprechende Kontroll- und Sanktionsinstrumente (Compliance-Regeln). (1), (6), (8)

Besonders wichtig wird die Stärkung des Exekutivausschusses für Clean Development Projekte angesehen, der mit acht Millionen Dollar zusätzlichen

Finanzmitteln ausgestattet wurde. Dadurch soll die Bewilligung von Entwicklungsprojekten erheblich beschleunigt werden. Durch die Investition in diese zertifizierten CO2-sparenden Projekte in Entwicklungsländern können Emissionsgutschriften erworben und auf die landesspezifische Klimabilanz angerechnet werden. Konkretisiert wurden ebenfalls die Vorgaben für Joint Implementation Projekte, die Emissionsreduktionen in den früheren Ostblockstaaten fördern sollen. (6), (7), (14)

Die von den Auswirkungen des Klimawandels betroffenen Staaten sollen von einem neu geschaffenen Zweck-Fond von 13 Millionen Dollar profitieren. (6)

Kyoto nach 2012

Die 34 durch die Kyoto-Vereinbarungen verpflichteten Industriestaaten einigten sich in Montreal auf die Aufnahme von neuen Verhandlungen, um weitere Reduktionsziele nach 2012 zu vereinbaren. Auch sollen Diskussionen darüber beginnen, wie aufstrebende Entwicklungs- und Schwellenländer in die Zielsetzung eingebunden werden können. Vorschläge aus den betroffenen Ländern selbst werden dabei ausdrücklich willkommen geheißen. Darüber hinaus wird geprüft, in wie weit der Erhalt und Schutz von Waldgebieten angerechnet werden kann. (8), (12), (13), (14)

Zukunftstechnologien zur Lagerung von CO_2 in tiefen Bodenschichten sollen weiter getestet werden. Allerdings wird man frühestens in 20 bis 30 Jahren so weit sein, dass diese technologische Möglichkeit zur CO_2-Reduktion genutzt werden kann. (12), (18)

Fortführung der Rio-Klimakonvention

Alle 189 Mitgliedsländer der Klimakonvention von Rio inklusive der Vereinigten Staaten wollen Arbeitsgespräche beginnen, um weitere Klimaschutzbemühungen im Rahmen der Konvention zu unternehmen. Nach wie vor lehnt die USA allerdings jegliche Verpflichtung auf bestimmte, messbare Ziele ab und setzt auf freiwillige Aktionen der Wirtschaft und den technologischen Fortschritt. Der Druck im eigenen Land wächst allerdings spürbar. Neun Bundesstaaten haben einen Emissionshandel nach europäischem Vorbild beschlossen und auch in vielen anderen Bundesstaaten wurden Regelungen und Gesetze zum Klimaschutz verabschiedet. Beobachter hoffen darauf, dass sich die nächste US-Regierung dem steigenden Druck beugen und Kyoto doch noch ratifizieren könnte. (3), (8), (12), (14)

Fallbeispiele

Mit Katrina mussten die betroffenen Länder im Jahr 2005 den zerstörerischsten Hurrikan seit 1851 erleben, Wilma war der stärkste und Vince kam sogar über den Atlantik bis nach Europa. Bayern, Österreich und die Schweiz sowie Bulgarien hatten mit verheerenden Überschwemmungen zu kämpfen, während Spanien und Portugal nach einer ungewöhnlichen Hitzewelle mit Waldbränden in ungekanntem Ausmaß konfrontiert waren. Die ökonomischen Schäden aufgrund von Klimaextremen haben in den vergangenen dreißig Jahren um den Faktor 15 zugenommen. Vereinte globale Anstrengungen sind notwendig, damit diese Auswirkungen auf einem erträglichen Stand bleiben. (19)

Besonders hart betroffen vom Temperaturanstieg sind die Bewohner des Nordpolarraumes. Durch den Klimawandel ist die Eisfläche um fast eine Million Quadratkilometer geschrumpft und die

Wintertemperatur um drei bis vier Grad gestiegen. Die dort lebenden Inuit werden dadurch bereits in ihren Lebensgewohnheiten wesentlich eingeschränkt. (20)

Der Handel mit Emissionsgutschriften für Clean Development Projekte kommt langsam in Gang. Für drei Projekte wurden schon Gutschriften erteilt, weitere 41 Projekte sind registriert und 470 Vorhaben werden zur Zeit begutachtet. Vor allem China ist sehr an CDM-Projekten im eigenen Land interessiert, damit der dortige Energiehunger mit umweltverträglichen Methoden gestillt werden kann. Joint-Implementation-Projekte sind in Russland, Rumänien und der Ukraine in der Planung. (21), (22)

Weiterführende Literatur

(1) In Montreal erwacht der Geist von Kyoto zum Leben
aus Stuttgarter Zeitung, 02.12.2005, S. 5

(2) Auftakt der Weltklimakonferenz: Politiker fordern Reduzierung von Treibhausgasen
aus netzeitung.de vom 28.11.2005

(3) Humml, Simone, Verbindliche vorgaben gegen Treibhausgase, Stuttgarter Nachrichten, 10.12.2005, S. 4

aus netzeitung.de vom 28.11.2005

(4) Was deutsche Klimaforscher jetzt fordern
Expertenbeirat will arme Länder stärker beteiligen
aus Berliner Zeitung, Ausgabe 291 vom 13.12.2005, S. 12

(5) Zur Rettung der Welt Die Klimakonferenz in Montreal wird neue Wege suchen müssen, damit der Kohlendioxidausstoß nicht weiter steigt
aus taz, 26.11.2005, S. 3

(6) Montrealer Balanceakt um den Klimaschutz
Bereitschaft der USA zu unverbindlichem Dialog
aus Neue Zürcher Zeitung, 12.12.2005, Nr. 290, S. 1

(7) "Eine Zukunft für das Kyoto-Protokoll"
aus Frankfurter Allgemeine Zeitung, 12.12.2005, Nr. 289, S. 1

(8) Vereinbarungen der Klimakonferenz
aus Süddeutsche Zeitung, 12.12.2005, Ausgabe Deutschland, S. 9

(9) Europa steht vor Klimawandel
aus netzeitung.de vom 29.11.2005

(10) Mettler, Barbara, Emissionshandel ist das Kerninstrument der Umweltpolitik, Finanz und Wirtschaft, 30.11.2005, S. 29
aus netzeitung.de vom 29.11.2005

(11) Vorreiter im Klimaschutz Auf Atomkraft lässt

sich die Zukunft nicht gründen – Deutschland setzt weiter auf erneuerbare Energien
aus Frankfurter Rundschau v. 03.12.2005, S.8, Ausgabe: S Stadt

(12) Nur glückliche Gesichter auf dem Klimagipfel in Montreal
aus Hamburger Abendblatt, 12.12.2005, Nr. 290, S. 4

(13) O. V., USA lehnen Zusagen zum Klimaschutz weiterhin ab, Spiegel Online, 10.12.2005
aus Hamburger Abendblatt, 12.12.2005, Nr. 290, S. 4

(14) UN-Klimakonferenz stärkt Kyoto-Protokoll Einigung auf weitere Schritte im Kampf gegen Treibhausgas-Emissionen - Tür für USA offengehalten
aus DIE WELT, 12.12.2005, Nr. 290, S. 11

(15) Klimaschutz soll verstärkt werden
aus Süddeutsche Zeitung, 12.12.2005, Ausgabe Deutschland, S. 1

(16) Durchbruch im lahmen Entengang Umweltverbände begrüßen die Ergebnisse der Klimakonferenz in Montreal. Auf konkrete Vorgaben für den Abbau von Treibhausgasen wurde jedoch verzichtet
aus taz, 12.12.2005, S. 8

(17) IEA fordert Emissionshandel für Autohersteller und Fluggesellschaften

aus Frankfurter Allgemeine Zeitung, 25.11.2005, Nr. 275, S. 14

(18) Treibhausgas könnte begraben werden
aus netzeitung.de vom 02.12.2005

(19) Deutschland muss ein Vorbild bleiben Die Weltklimakonferenz in Montreal soll ein klares Zeichen für den globalen Klimaschutz setzen / Beschluss des Grünen Parteirats
aus Frankfurter Rundschau v. 29.11.2005, S.7, Ausgabe: S Stadt

(20) Auf brüchigem Eis Die Ureinwohner der Arktis erwarten von der Klimakonferenz einen Beitrag zur Stabilisierung ihrer Jagdwege
aus Frankfurter Rundschau v. 29.11.2005, S.3, Ausgabe: S Stadt

(21) Merten, Victor, Honduras verkauft Finnland tonnenweise saubere Luft, NZZ am Sonntag, 04.12.2005, Nr. 49, S. 7
aus Frankfurter Rundschau v. 29.11.2005, S.3, Ausgabe: S Stadt

(22) Dena initiiert Klimaschutz-Kooperationen
aus www.powernews.org Meldung vom 09.12.2005 - 13:25

Impressum

Weltklimakonferenz 2005 in Montreal - dem Klima wird eine Chance gegeben

Bibliografische Information der deutschen Nationalbibliothek

Die Deutsche Nationalbibliothek verzeichnet diese Publikation in der deutschen Nationalbibliografie; detaillierte bibliografische Daten sind im Internet über http://dnb.d-nb.de abrufbar.

ISBN: 978-3-7379-1459-8

© 2015 GBI-Genios Deutsche Wirtschaftsdatenbank GmbH, Freischützstraße 96, 81927 München, www.genios.de

Alle Rechte vorbehalten. Dieses Werk ist einschließlich aller seiner Teile – z.B. Texte, Tabellen und Grafiken - urheberrechtlich geschützt. Jede Verwertung außerhalb der Grenzen des Urheberrechtsgesetzes bedarf der vorherigen Zustimmung des Verlags. Dies gilt insbesondere auch für auszugsweise Nachdrucke, fotomechanische

Vervielfältigungen (Fotokopie/Mikroskopie), Übersetzungen, Auswertungen durch Datenbanken oder ähnliche Einrichtungen und die Einspeicherung und Verarbeitung in elektronischen Systemen.